AF322271

A MES CONCITOYENS.

Frappe, mais écoute.

A BREST,

De l'Imprimerie de J.-B. Lefournier, Rue Royale, N.º 84.

A MES CONCITOYENS.

BRESTOIS,

ON lit dans le *Moniteur* du 28 Août dernier, à la fin d'une note sur les événements de Brest :

« La Garde Nationale, requise à la dernière
» extrémité par le Maire, n'a répondu que très-
» imparfaitement à cet appel, et le petit nombre
» d'individus qui se sont présentés sous les armes,
» a fini par méconnaître la voix de ce Magistrat;
» quelques-uns même se sont mêlés parmi les
» perturbateurs. »

J'avais l'honneur de commander le détachement de la Garde Nationale, si gravement inculpé

(4)

par des rapports, que je m'abstiendrai de qualifier, laissant à tout homme impartial à les juger sur la simple et véridique exposition des faits.

Comptable envers mes concitoyens de la conduite du détachement que je commandais dans la soirée du 17 Août, il est de mon devoir, il est de mon honneur, et de celui de MM. les Officiers et Gardes Nationaux qui étaient sous mes ordres, de repousser une inculpation d'autant plus grave qu'elle a attiré sur la population entière les mesures les plus rigoureuses.

Mon intention n'est pas d'examiner les causes du tumulte qui a eu lieu à l'occasion de l'arrivée de Monsieur Bourdeau, député et procureur-général à la Cour Royale de Rennes ; quelles qu'elles soient, il faut en déplorer le résultat : la main impartiale de la justice a vengé la société.

Mais avant que le ministère public, éclairé par l'instruction de la procédure, eut fait connaître la nature du délit, en ne provoquant contre les prévenus que des peines correctionnelles, (1) des rapports inexacts avaient transformé notre ville en foyer de sédition, signalé ses habitans

---

(1) Le Ministère public, dans ses conclusions, a requis la peine de 6 jours de prison contre l'un des prévenus, un mois contre le second et six mois contre le troisième. Tous les prévenus étaient étrangers à la Garde Nationale.

(5)

comme ennemis du Roi, et traité d'émeute
populaire, dirigée contre le Gouvernement, un
rassemblement d'hommes sans armes, de femmes
et d'enfans, les uns attirés par la curiosité, les
autres par un motif répréhensible sans doute,
mais sans caractère hostile ni alarmant.

Grâces soient rendues à ces Magistrats prudents
et humains qui jugeant sainement la position des
choses et les mesures convenables dans de telles
circonstances, n'ont pas confondu le délit avec
le crime, ont sçu calculer et prévenir les tristes
effets de la violence et de la rigueur militaire,
et qui, alliant la fermeté à la prudence, ont
cru devoir se borner à livrer à la justice civile
la poursuite et la punition de ce délit !

« La Garde Nationale n'a été requise qu'à la
» dernière extrémité, dit le *Moniteur.* »

Il est de notoriété publique que Monsieur le
Maire, prévoyant qu'il pourrait y avoir dans la
soirée quelque rassemblement, avait requis le
Commandant de la Garde Nationale d'ordonner
à trois compagnies de se réunir à 6 heures sur
le Champ-de-Bataille.

Cette mesure avait été communiquée par le
Maire, dans la matinée du 17, à Monsieur
Bourdeau lui-même, qui l'avait trouvée sage.

(6)

Est-il donc exact, est-il juste de dire que la Garde Nationale n'a été requise qu'à la dernière extrémité ?

« La Garde Nationale n'a répondu que très-» imparfaitement à cet appel. » (1)

Si dans les compagnies de troupe de ligne, les hommes, disponibles au premier coup de baguette, cadrent rarement avec l'effectif du Contrôle, peut-on faire un crime à la Garde Nationale toute entière composée de dix-huit compagnies, de ce que tous les hommes des trois compagnies commandées, ne se sont pas présentés sous les armes? Peut-on avec justice déverser le blâme sur tout un corps, pour la faute de quelques membres de ce corps, individuellement coupables et repressibles par voie de discipline,

----

(1) A l'organisation de la Garde Nationale, en 1816, l'effectif de chaque compagnie était de 70 hommes, les décès, les départs de Brest, les exemptions de service pour plusieurs employés des diverses Administrations, ont beaucoup diminué cet effectif. Les absences momentanées, les maladies et d'autres motifs d'excuse, ont empêché les Gardes Nationaux des trois compagnies commandées de se rendre tous sous les armes. Au départ du détachement il y avait 106 hommes, plusieurs ont rejoint après le départ, et on peut dire avec vérité que la presque totalité des hommes qui font régulièrement le service, ont répondu à l'appel qui leur était fait.

dans le cas où ils ne pourraient présenter de motifs valables d'excuse?

Tous les Gardes nationaux convoqués ne se sont pas présentés sous les armes, c'est un fait exact, mais n'est-il pas aussi injuste de préjuger défavorablement les motifs de leur absence que d'en rendre tous leurs camarades responsables?

« Le petit nombre d'individus qui se sont
» présentés sous les armes a fini par méconnaître
» la voix de ce Magistrat (le Maire); quelques-
» uns même se sont mêlés parmi les pertur-
» bateurs. »

Les inculpations, particulières au détachement que j'avais l'honneur de commander, ont un degré de gravité tel, que s'il était vrai que j'eusse refusé d'obéir aux ordres que j'avais reçus, ou que le détachement eut refusé de m'obéir, ou enfin que quelques-uns de ses membres eussent pris part au tumulte, ce délit attirerait sur leurs têtes et sur la mienne toute la rigueur des lois dont nous ne redoutons pas l'inflexibilité.

Voici les faits, j'ai entre les mains les preuves authentiques et irrécusables de ce que j'avance. Mes sentiments et mon caractère sont connus, je ne crains ni qu'on les attaque ni qu'on les soupçonne.

Avant sept heures, 70 à 80 hommes des trois compagnies commandées étaient réunis sur le Champ-de-Bataille ; à sept heures je me rendis chez Monsieur le Lieutenant de Roi commandant la Place pour prendre ses ordres, il me donna le mot d'ordre, et me prescrivit de diviser mon détachement en quatre sections et de les placer dans les quatre rues qui forment le carrefour vis-à-vis l'Hôtel de Provence où était logé Monsieur Bourdeau.

Au moment de partir, Monsieur le Maire fit connaître au détachement, en lui parlant à haute voix, qu'il l'avait appelé pour maintenir la tranquillité publique et pour faire respecter la Loi dans ses organes, et le Prince dans les personnes investies de ses pouvoirs.

A sept heures et demie je me fis rendre compte, par Messieurs les Capitaines, du nombre d'hommes présents ; il y en avait 106 : je fis former les quatre sections, et le détachement partit pour se rendre au poste qui lui était assigné. Quelques hommes rejoignirent le détachement après le départ.

En arrivant je trouvai le carrefour et les rues adjacentes encombrés d'hommes, de femmes et d'enfants qui nous avaient devancés, et faisaient retentir l'air des cris, *vive le Roi*, *vive la Charte*; à ces cris se mêlaient ceux *à bas Bourdeau*, *à bas l'Espion de l'opinion*, *à bas les Mouchards.*

L'instruction de la procédure a prouvé qu'aucun cri séditieux n'a été proféré.

Monsieur le Maire cruellement trompé ainsi que moi dans les espérances que les résultats heureux de la soirée du 13 Juin nous avaient fait concevoir de l'emploi et de la présence de la Garde Nationale, et voyant que le détachement ne pouvait parvenir à maîtriser la foule immense qui assiégeait le carrefour, et que, comme il est consigné dans le procès-verbal de MM. les Commissaires de police, les efforts de la Garde Nationale réunis aux leurs étaient impuissants, ce Magistrat m'invita à congédier le détachement : mais je lui représentai que placé par l'ordre du Général au poste que j'occupais, je ne pouvais l'abandonner que sur un ordre émané de lui, sans me rendre coupable d'infraction aux lois du service militaire, que cependant s'il voulait me donner par écrit l'ordre de me retirer, je me déchargerais de la responsabilité des suites de l'exécution de cet ordre.

Tels sont les faits qu'on a dénaturé dans leur

récit, pour signaler à toute la France la Garde Nationale de Brest, comme coupable du délit militaire le plus criminel, celui de refus d'obéissance sous les armes!

Tels sont les faits sur lesquels la Garde Nationale de Brest est taxée de rebellion, tandis que le Commandant du détachement sous les armes, n'était pas moins pénétré du respect qu'on doit aux Magistrats, que des devoirs qu'imposent le service et les lois militaires!

Il n'est pas plus exact, il n'est pas plus juste de dire : « *quelques-uns même se sont mélés* » *parmi les perturbateurs.* »

Où est la preuve de cette inculpation? sur quel fait peut-on l'appuyer? quelques-unes des Autorités présentes sur les lieux, quelques-uns des agents de la police ont-ils vu des Gardes Nationaux quitter le rang et se mêler parmi les perturbateurs? les ont-ils entendus proférer un cri? le procès-verbal de MM. les Commissaires de police en fait-il mention? ne déclarent-ils pas au contraire que les efforts de la Garde Nationale, réunis aux leurs, ont été impuissants?

Qu'ils sont coupables ceux qui, forgeant dans l'ombre des rapports mensongers, méditaient en secret le déshonneur de leurs concitoyens!

Qu'ils sont coupables ceux qui, poussés par le génie de la discorde et par l'effervescence des passions, ont porté l'alarme jusqu'au sein de la capitale, par des récits faux et controuvés !

Et cependant il n'est que trop vrai, que ces rapports mensongers ont été faits aux Autorités réunies sur le Champ-de-Bataille, il n'est que trop vrai que, long-tems après que le calme eut été rétabli au carrefour où stationnait la Garde Nationale, (1) on venait leur rapporter que le désordre continuait avec fureur, que la Garde Nationale y prenait part et que les ordres du Maire et son autorité étaient méconnus. (2)

---

(1) Ces rapports furent faits aux Autorités vers les dix heures du soir; dès neuf heures le calme était rétabli au carrefour. Ce fait est consigné dans une lettre que m'a écrite, sous la date du 4 Septembre, M.ʳ le Substitut du Procureur du Roi, qui, rendant hommage à la vérité, déclare que, voulant se rendre, vers les neuf heures du soir, à l'Hôtel de Provence, où était descendu M.ʳ Bourdeau, il le trouva cerné par un certain nombre de Gardes nationaux qui lui refusaient le passage, qu'il ne put l'obtenir qu'après m'avoir fait appeler, qu'entré dans le carré formé par la Garde Nationale il le trouva entièrement dégagé de la foule, qui, assez grande à l'extérieur, était, ajoute-t-il, pacifique en ce moment.

(2) A ces rapports dont la fausseté est évidemment prouvée, on ajoutait qu'une compagnie de troupe de ligne s'étant présentée devant le front d'une compagnie de la Garde Nationale, j'avais ordonné de lui barrer le passage

Justement indignés d'une pareille conduite de la part de la Garde Nationale, et abusés par un certain air de vraisemblance, que donnaient à ces rapports le mouvement et les cris de quelques individus qui, voulant traverser le Champ-de-Bataille, avaient été repoussés par les Grenadiers de Lot-et-Garonne faisant partie de la force armée requise par M. le Sous-Préfet; Messieurs les Généraux et M. le Sous-Préfet se dirigent sur-le-champ vers le carrefour, ils trouvent le détachement tranquille au poste qui lui avait été assigné, le carrefour entièrement libre, le Maire, un de ses Adjoints (1) et les Commissaires de police, se promenant au milieu du carré de la Garde Nationale, dont la contenance était celle de citoyens qui ne redoutaient rien, et n'avaient rien à redouter.

Messieurs les Généraux furent aussi surpris que convaincus de la fausseté des rapports qu'on venait de leur faire, et Monsieur le Sous-Préfet ne put s'empêcher d'en témoigner son étonnement.

La tranquillité étant parfaitement rétablie, Monsieur le Lieutenant de Roi me donna l'ordre

---

et qu'après un colloque avec l'Officier qui commandait cette compagnie, elle s'était retirée. Que de méchanceté et d'absurdité dans un pareil récit!

(1) M.ᵣ Keros.

de faire rentrer ma troupe, j'envoyai un Officier en avant avec le mot d'ordre, et le détachement retourna sur le Champ-de-Bataille, où il rompit les rangs dans le plus profond silence.

Telle est l'exacte vérité sur les faits reprochés par le *Moniteur* à la Garde Nationale de Brest, j'en appelle au témoignage de toutes les Autorités civiles et militaires.

Cependant, c'est sur des rapports aussi mensongers, sur des rapports dont l'inexactitude est bien constatée et a été reconnue par les Autorités elles-mêmes, que le *Moniteur*, dans sa note sur les événements de Brest, n'hésite pas à flétrir une ville qui, dans des circonstances dont le souvenir lui sera toujours cher, a prodigué à un fils de France, les témoignages du dévouement le plus sincère.

C'est sur de tels rapports qu'on signale comme rebelles des citoyens, qu'au jour du danger, on trouvera toujours prêts à verser leur sang pour la défense du Trône et des lois.

Brestois, reposons-nous avec confiance sur l'impartialité de cet illustre guerrier, envoyé dans nos murs pour connaître la vérité obscurcie par le prisme des passions.

Que nos regrets accompagnent dans leur

retraite ces Magistrats frappés comme nous par la main du pouvoir, que la conviction intime de notre dévouement au Roi et à la Charte, que la pureté de nos intentions, tôt ou tard reconnue, adoucissent la sévérité du jugement porté sur notre conduite ; et lors même que nous ne sommes plus appelés à coopérer au maintien de la tranquillité publique, demeurons unis de cœur à ceux dont l'honorable mission est de défendre le Trône, le Roi et le dépôt sacré qu'il a confié à la fidélité et au courage de tous les Français.

Le 6 Septembre 1820.

ROUJOUX,

Ancien Officier d'Artillerie, ex-Major de la Garde Nationale de Brest.